I0184639

SECOND MANDEMENT

DE MONSEIGNEUR

L'ARCHEVÊQUE DE PARIS

Pour développer et confirmer le Décret du Concile de Paris, CONTRE LES ERREURS QUI RENVERSENT LES FONDEMENTS DE LA JUSTICE ET DE LA CHARITÉ.

(IDÉE DE LA CHARITÉ CHRÉTIENNE.)

BIBLIOTHÈQUE NATIONALE
FONDS
LE SENNE
N° 94
IMPRIMÉ

PARIS.

LIBRAIRIE D'ADRIEN LE CLERE ET Cᵉ,

IMPRIMEURS DE NOTRE SAINT PÈRE LE PAPE ET DE L'ARCHEVÊCHÉ,

RUE CASSETTE, 29, PRÈS SAINT-SULPICE.

1852.

P°? le Senne 7311 (3)

SECOND MANDEMENT

DE MONSEIGNEUR

L'ARCHEVÊQUE DE PARIS,

Pour développer et confirmer le Décret du Concile de Paris, CONTRE LES ERREURS QUI RENVERSENT LES FONDE-MENTS DE LA JUSTICE ET DE LA CHARITÉ.

MARIE–DOMINIQUE–AUGUSTE SIBOUR, par la miséricorde divine et la grâce du Saint-Siége apostolique, Archevêque de Paris,

Au Clergé et aux Fidèles de notre Diocèse, salut et bénédiction en NOTRE SEIGNEUR JÉSUS-CHRIST.

OUI, c'est encore Nous, FRÈRES BIEN-AIMÉS ; c'est votre Archevêque ! celui qui vous porte tous, vous le savez, sans distinction d'opinion politique, ni de condition sociale, dans son cœur, et que vous aimez, à votre tour, comme le Père de vos âmes.

Déjà, plus d'une fois sans doute, vous surtout que nous avons, à l'exemple de Jésus-Christ, tant de raisons particulières d'aimer, vous vous êtes demandé si l'éclat du tonnerre dont a tressailli l'Europe, avait fait taire pour toujours notre voix. Ne viendra-t-il plus, disiez-vous peut-être, nous visiter dans nos faubourgs, réjouir de sa présence nos ateliers, bénir les malades dans nos humbles demeures? Un changement s'est-il donc fait aussi dans son âme d'Apôtre et de Pasteur? Qu'est devenue sa tendresse pour nous, pour les ouvriers, pour le pauvre peuple enfin, que Jésus-Christ, son maître et le nôtre, a tant aimé? Et si rien n'est changé dans son cœur, pourquoi ne le voyons-nous plus? pourquoi ne l'entendons-nous plus? est-ce crainte, ou bien est-ce prudence?

Il est vrai, nous avons cru un moment, Nos TRÈS-CHERS FRÈRES, toucher à cet écroulement de l'édifice social, que nous vous faisions envisager naguère dans nos pressentiments sinistres. Le coup, quoique prévu bien à l'avance, parce qu'après l'exaltation et l'engagement des partis, un dénouement par la force semblait inévitable, a frappé le monde d'étonnement, et il s'est fait alors autour de nous un grand silence. Nous avons dû Nous-même enchaîner pour un temps la parole sacrée sur nos lèvres, pour ne pas la livrer aux interprétations des passions politiques. Mais, interrogeant bientôt notre foi, nous avons appris que Dieu, dont les conseils sont au-dessus de tous les calculs de la prudence humaine, fait concourir tous les événements d'ici-bas à l'accomplissement de ses desseins.

Quel est donc, ici, le secret de sa Providence?

N'en doutons pas, Nos TRÈS-CHERS FRÈRES, Dieu a voulu d'abord donner à la France, après de si violentes luttes, un repos désiré, faire cesser les dissensions qui déchiraient le sein de la patrie, et arrêter le torrent des doctrines désorganisatrices, lesquelles menaçaient d'une effroyable ruine la société tout entière, en sapant les éternels principes dont nous avons pris la défense dans notre Mandement contre les erreurs qui renversent les fondements de la justice, et d'où dépendent la dignité de l'homme, la sécurité des familles, l'ordre dans les cités, la paix entre les citoyens, la prospérité et la grandeur des peuples, les progrès de la civilisation née du Christianisme.

Dieu a voulu ensuite nous apprendre que si les révolutions des empires entrent dans le plan de son gouvernement providentiel, comme moyens extrêmes pour réprimer soit les abus de la liberté, soit les excès du pouvoir, ce n'est que par l'alliance intime de ces deux grandes et divines choses, l'AUTORITÉ, émanation de la puissance éternelle pour protéger en ce monde les droits de tous et de chacun, et la LIBERTÉ, reflet de la face de Dieu sur son image pour rendre l'homme capable de faire le bien, que les nations chrétiennes peuvent se mettre à l'abri des catastrophes politiques, et entrer, par un véritable progrès, dans la jouissance de toutes les félicités temporelles, que l'Evangile promet, comme par surcroît, aux peuples qui cherchent d'abord le royaume de Dieu et sa justice (1).

Or c'est dans le repos de la société et avec un régime d'ordre, dans le calme des passions et non parmi les luttes ardentes des partis, que peut s'effectuer cette union toujours bénie du Ciel et si nécessaire au bonheur des peuples. Il en est du monde moral comme du monde physique : ce n'est pas sous le souffle dévastateur de la tempête, ce n'est pas au milieu des orages, mais dans le silence de la nature, que les germes se développent au sein de la terre, qu'ils poussent au printemps, qu'ils croissent, qu'ils s'élèvent, pour donner leurs fleurs et leurs fruits dans la saison convenable.

Nous profiterons Nous-même du silence qui s'est fait et de ce repos accordé à la patrie, pour donner, s'il est possible, un plus libre cours à notre zèle, en répondant à l'appel de nos enfants. Continuant à planer au dessus de toutes les politiques humaines, conformément aux principes que nous avons tracés dans notre Mandement du 8 juin de l'année dernière, nous venons donc encore à vous, Nos très-chers Frères, plein de la même sollicitude, avec la parole que Jésus-Christ nous a confiée, pour vous consoler et vous instruire. Pontife de cette grande et illu-

(1) Matth., vi, 33.

stre Eglise de Paris, comme l'un des succes-
seurs, quoique indigne, des glorieux Apôtres à
qui le Sauveur a dit : ALLEZ, ENSEIGNEZ LE MONDE,
nous poursuivrons le cours de ces enseignements divins.

Aujourd'hui, cette parole dont nous sommes
le ministre et l'interprète auprès de vous, ne
peut que plaire à tous, à moins qu'il ne se ren-
contre parmi nous quelques-uns de ces hommes
si sévèrement repris autrefois par le Sauveur du
monde, lesquels affecteront peut-être de se scan-
daliser même de ce qu'il y a de plus ravissant
dans l'Evangile, car nous allons vous parler
d'amour, d'humanité, de fraternité, de tolérance,
de douceur, de miséricorde, d'assistance, de dévouement, d'esprit de sacrifice, magnifiques choses exprimées, dans la langue sainte, par un seul
mot : CHARITÉ !

Dans le dernier Mandement que nous avons donné à l'appui des décisions du Concile de Paris, nous avons condamné, vous devez en avoir souvenance, les erreurs qui renversent les fondements de la justice, et nous avons revendiqué, au nom de tout ce qu'il y a de plus sacré au Ciel et sur la terre, les droits de cette vertu principale, dans leur application à la propriété. Nous avons fait voir qu'on ne peut détruire la propriété sans anéantir du même coup jusqu'à la notion même de la justice. La propriété est donc inviolable dans sa source comme dans ses fruits, dans le travail qui la produit comme dans le capital qui l'augmente. Le bon sens, la philosophie et la parole divine s'accordent à proclamer cette vérité universelle, l'un des fondements les plus inébranlables de la société, et nous avons démontré la vanité des opinions qui la nient, ou des systèmes qui la détruisent.

Non, grâces à Dieu, la justice n'est pas un vain nom, malgré toutes les fausses interprétations que les passions humaines peuvent en donner, et quel que soit le crime de ceux qui la violent, en abusant de leur droit au détriment de leurs semblables. Elle sera toujours regardée

comme la plus excellente des vertus morales (1),
celle qui, dans le commerce de la vie, ainsi que
l'enseigne saint Ambroise, attribue à chacun le
sien, respecte la chose d'autrui, et néglige l'uti-
lité propre, pour garder l'équité envers tous (2).
Elle est, suivant l'expression du Docteur angélique, la RACINE COMMUNE (3), la base de l'ordre
social, et par conséquent la condition même de
la paix publique. Nous avons vu que la philosophie antique en a parlé de même. Aristote la
proclame la plus admirable des vertus, plus belle
que l'astre du soir et que l'étoile du matin (4 .
C'est surtout dans la justice, selon Cicéron, que
brille le plus grand éclat de la vertu, et c'est
d'elle, dit-il, de sa pratique, que les HOMMES DE
BIEN tirent ce nom honorable, de tous les noms
le plus digne d'envie (5).

Toutefois, voici une vertu plus belle encore ,
parce qu'elle reproduit plus pleinement la perfection incréée ; plus féconde, parce qu'elle parti-

(1) Justitia est omnium virtutum moralium excellentissima.
S. Thom. 2ª 2æ q. 58. art. 12. c.
(2) Quæ unicuique quod suum tribuit, aliorum non vindicat,
utilitatem negligit, ut communem æquitatem custodiat. S. Amb.
1. De Offic.
(3) Quæ scilicet est communis radix totius ordinis ad alte-
rum. S. Thom. 2ª 2æ q. 58, art. 8 ad 2ᵘᵐ.
(4) Præclarissima virtutum videtur esse justitia, et neque
hesperus, neque lucifer ita admirabilis. In 5 Ethic.
(5) In justitiâ virtutis splendor maximus, ex quâ boni viri
nominantur. De finibus bon. et mal. Lib. v, c. xxiii.

cipe plus directement à l'éternelle source de la vie ; plus véritablement divine, parce qu'elle est la bonté même de Dieu , infuse au cœur de l'homme, communiquée par la grâce de Jésus-Christ : c'est la CHARITÉ, sans laquelle, selon l'oracle infaillible de l'Apôtre des nations, la foi, la science, la justice, la libéralité, le martyre même, ne sont rien devant Dieu ! Avec tous les dons du Ciel, et après les actions les plus hé-roïques, dit ce grand disciple du Christ, si je n'ai pas la charité, je ne suis rien aux yeux de l'Eternel : car alors il n'y a pas plus de mérite en moi que dans un airain sonnant, ou une cym-bale retentissante. C'est pourquoi, Nos TRÈS-CHERS FRÈRES, le Concile de Paris, après avoir signalé et condamné les erreurs qui renversent les fondements de la justice, s'empresse de pren-dre la défense de la CHARITÉ, cette reine et maî-tresse de toutes les vertus, proclamant ses droits avec plus de sollicitude encore, puisqu'il y met plus d'insistance, comme vous allez le voir.

DÉCRET

CONTRE LES ERREURS QUI RENVERSENT LES FONDE-MENTS DE LA JUSTICE ET DE LA CHARITÉ.

(Suite.)

« Mais il y a d'autres erreurs qui tendent à » relâcher ou à rompre les liens de l'amour fra-

» ternel entre les hommes. La source de ces
» erreurs est cette philosophie perverse qui en-
» seigne par ses divers systèmes que l'intérêt de
» chacun est le fondement de toutes les obliga-
» tions morales. Par de tels systèmes, personne
» ne l'ignore, non-seulement le sentiment de la
» charité s'affaiblit dans les cœurs, mais la no-
» tion même de cette vertu s'efface dans les es-
» prits. Désirant conserver ou renouveler dans
» toutes les âmes la vraie notion et le sentiment
» intime de la charité, nous condamnons cette
» doctrine impie, et particulièrement ses funestes
» conséquences relativement à l'amour du pro-
» chain.

    » De plus, nous exhortons vivement les Curés
» et tous les dispensateurs de la parole divine,
» à rappeler fréquemment aux Fidèles cette loi
» par laquelle Dieu a recommandé à chacun
» d'avoir soin de son prochain ; à exposer et à
» justifier la doctrine chrétienne qui impose aux
» hommes des sacrifices réciproques ; à réfuter
» ceux qui rejettent comme impossibles, ou trai-
» tent de pieuses exagérations, les préceptes
» chrétiens sur l'amour du prochain. Enfin,
» qu'ils emploient tous leurs efforts et tous leurs
» soins à venir, autant qu'ils le pourront, au
» secours de nos frères dans le besoin. Ainsi, la
» loi évangélique aura son mérite et sa gloire
» aux yeux de tout le monde, quand on verra

» le pauvre, autrefois méprisé chez les païens, ac-
» cueilli et secouru parmi nous, avec cet honneur
» et ce respect que lui accorde dans l'Eglise la
» véritable charité, née du précepte de Jésus-
» Christ. »

D'après ces belles et graves paroles du Concile, les erreurs qui tendent à renverser les fondements de la charité chrétienne, le font de deux
manières ; car, ou elles attaquent directement
la charité comme une exagération pieuse, chi-
mère du cœur, selon elles, impossible à réaliser,
et cherchent alors à y substituer un autre principe d'action, qui leur semble plus vrai, parce
qu'il est plus humain, plus conforme à la nature ; ou bien, s'emparant du nom de charité,
sans comprendre ou sans vouloir ce qu'il signifie, elles le dénaturent et le dégradent par l'application qu'elles en font aux inventions philosophiques de l'orgueil et de l'égoïsme. Ainsi, ou
elles nient la charité en la blasphémant devant
le peuple, ou elles lui enseignent une fausse
charité. Dans le premier cas, elles lui endurcis-
sent le cœur, dans le second, elles le corrom-
pent.

Dès lors, vous le comprenez, il est nécessaire,
pour combattre les uns et les autres, au point
de vue des Pères du Concile de Paris, de bien
établir ce que c'est que la charité chrétienne.

L'idée sublime de la charité étant une fois posée et clairement expliquée, il sera facile de montrer par quel côté les divers systèmes de la philosophie rationaliste lui sont contraires, soit qu'ils intéressent la conduite morale de l'homme privé, soit qu'ils s'appliquent aux gouvernements des peuples. Donc, disons d'abord ce que c'est que cette vertu céleste et terrestre tout à la fois, en quoi consiste, en un mot, la CHARITÉ. Nous jugerons ensuite à la lumière de cette idée divine, puisée dans l'Evangile même, les doctrines qui sont incompatibles avec la charité.

IDÉE DE LA CHARITÉ CHRÉTIENNE.

I.

Qu'est-ce que la Charité chrétienne? C'est une vertu d'un ordre supérieur à la nature (facilement pratiquée néanmoins, dès qu'on est mis en rapport avec le Christ), par laquelle nous aimons Dieu par-dessus toutes choses et notre prochain comme nous-mêmes, à cause de Dieu, principe de tout ce qui, dans l'homme sa vivante image, mérite d'être aimé, et, par conséquent, raison suprême de cet amour (1).

Quel fleuve, pour ainsi dire, de grandeurs morales, d'actes sublimes, d'œuvres saintes n'aperçoit-on pas déjà comme découlant de cette source ouverte dans les cieux !

Hélas ! nos très-chers Frères, nous sommes, dès l'enfance, trop accoutumés aux magnificences du Christianisme, aussi bien qu'à celles de la nature, lesquelles frappent à toute heure nos regards, sans ravir notre âme de surprise, ni toucher notre cœur d'amour et de reconnaissance. Mais supposons que ces grands philosophes de

(1) Cum ratio diligendi proximi sit ipse Deus : charitas non solum ad Dei sed etiam ad proximi dilectionem sese extendit. S. Thom. 2ª 2ᵉ q. 25, art. 1. c.

l'antiquité, dont le génie se plaisait dans la contemplation de tout ce qui pouvait relever la dignité humaine, supposons que Platon, Aristote, Cicéron eussent tout à coup entendu un pareil langage, oh ! vous figurez-vous l'enthousiasme de leur admiration, à la révélation subite d'un tel principe de vertu si nouveau et si fécond, en présence de ce ressort divin de la morale chrétienne ?

La Charité, non-seulement comme ayant directement Dieu pour objet, mais aussi en tant que s'appliquant au prochain, est donc une vertu tout-à-fait surnaturelle, émanée des cieux, mais entée par Jésus-Christ sur le sentiment qui porte les hommes à s'entr'aimer par le triple attrait d'une même nature, d'une commune origine, d'une semblable destinée.

Ou plutôt, c'est cet amour terrestre lui-même, porté sur les ailes de la Religion dans le sein de Dieu, et qui, après s'y être épuré, transfiguré, véritablement divinisé, revient sur la terre, plein des saintes ardeurs du ciel, pour répandre autour de lui la plénitude de sa vie, l'abondance de ses bienfaits, semant ainsi, à travers les siècles, ses monuments charitables, pour la gloire du Christianisme et la consolation de l'Humanité.

Ou plutôt encore, Dieu lui-même, comme nous vous l'expliquerons bientôt, voulant nous rattacher tous, par les liens de l'amour, à son indivisible unité, prend avec complaisance, entre plusieurs noms ineffables, celui de Charité (1), et revêtant la nature humaine, afin de pouvoir nous aimer comme ses semblables, il descend du ciel jusque dans nos cœurs, pour nous faire embrasser avec lui l'Humanité tout entière dans les tendresses infinies de son amour, ainsi qu'il l'avait fait annoncer autrefois par son Prophète : « Je les attirerai par ce qui gagne le plus les hommes, par les liens de l'amour, par les attraits de la charité. » *In funiculis Adam traham eos, in vinculis charitatis* (2).

II.

Mais comment justifierons-nous une définition si étrange de la Charité chrétienne, qui semble abaisser Dieu jusqu'à l'homme, ou élever l'homme jusqu'à Dieu, en confondant, pour ainsi dire, l'amour de l'un avec l'amour de l'autre? Le Fils de Dieu lui-même va répondre.

Un jour, les Pharisiens, blessés de la tendresse, excessive selon eux, que Jésus-Christ témoignait aux hommes en général, mais surtout au peuple, à la pauvre et souffrante multitude, s'assemblèrent pour voir s'ils pourraient, à l'endroit

(1) Deus charitas est. I Joan., iv, 16. — (2) Osée, xi, 4.

même de cet amour, le surprendre dans ses paroles. L'un d'eux, docteur de la loi, s'approchant
donc de lui : « Maître, dit-il, quel est le plus
grand Commandement? » Jésus lui répondit :
« Vous aimerez le Seigneur votre Dieu de tout
» votre cœur, de toute votre âme, de toute votre
» intelligence et de toutes vos forces. C'est là le
» plus grand et le premier Commandement ; mais
» le second lui est semblable : « Vous aime-
» rez votre prochain comme vous-même, » à
cause de Dieu. « Toute la Loi et les Prophètes
» sont renfermés dans ces deux Commande-
» ments (1), » qui n'en font qu'un en quelque
sorte.

Voilà, Nos très-chers Frères, comment Jésus-
Christ nous révèle la divine théorie de la Charité,
et notre définition si étrange, mais si belle, c'est
de sa bouche même, vous le voyez, que l'Eglise
l'a recueillie.

Ainsi la grande loi de la Charité règle tout à la
fois nos rapports avec Dieu et nos rapports avec
nos semblables, parce que toute inclination de
la volonté pour la vertu, dit saint Thomas, gît
dans l'amour.

A Dieu donc, principe et fin de notre existence,
à Dieu, source de tout ce qu'il y a d'aimable dans
les créatures, à Dieu, souveraine perfection, sa-

_____

(1) Matth., xiii, 36-40.

2

gesse infinie, suprême bonté, beauté éternelle, à lui le premier amour !

Mais le second amour, celui du prochain, selon le témoignage du Fils de Dieu, est semblable au premier. Et pourquoi ? Parce que l'homme, dit encore le Docteur angélique, étant créé à l'image de Dieu, c'est Dieu lui-même que j'aime dans l'homme, quand j'aime mon prochain.

Tel un enfant, en l'absence de son père, rend un culte d'amour à son image ; l'amour de l'image se confond avec l'amour du père : car c'est son père lui-même qu'il aime dans cette image.

Donc, d'après le commandement divin, la Charité a pour objet Dieu et le prochain d'une manière inséparable, et de même que nous nous flatterions vainement d'aimer le prochain, si nous n'aimions pas Dieu, nous perdons infailliblement l'amour de Dieu, si nous cessons d'aimer le prochain.

L'Ange de l'école, que nous avons déjà cité, l'une des plus grandes lumières de l'Eglise enseignante, dit la même chose en d'autres termes, avec la profondeur et la subtilité qui le caractérisent. Il montre logiquement que l'homme ne peut aimer son prochain comme lui-même qu'en Dieu et pour Dieu. Mais cette philosophie de la Charité est trop belle pour ne pas être reproduite ici.

« Dieu, dit le sublime Docteur, est la raison

» dernière de l'amour du prochain ; car ce que
» nous devons aimer dans le prochain, c'est ce
» qui se trouve en Dieu comme dans sa source,
» en tant qu'il est l'être suprême et la perfection
» de l'être. D'où il suit manifestement que l'acte
» par lequel on aime Dieu est spécifiquement le
» même que celui par lequel on aime le pro-
» chain (1). »

Puis, écoutez bien ceci, Nos très-chers Frères,
séparant par l'abstraction, pour les comparer ensemble, ces deux amours qui composent la Charité, par le fait indivisibles, l'amour de Dieu et
l'amour du prochain, il donne en un sens, et
comme par une sainte hardiesse, la prééminence
à ce dernier.

« Cette comparaison, dit le prince de la théologie, peut être comprise de deux manières :

» Premièrement, si chaque amour est consi-
déré à part, et alors il n'est pas douteux que l'a-
mour de Dieu est plus méritoire ; car la récompense lui est due à cause de lui-même, parce
que la récompense dernière, c'est de jouir de
Dieu, vers lequel tend le mouvement de l'amour
divin. C'est pourquoi la récompense est promise
à celui qui aime Dieu : Si quelqu'un m'aime,
dit Jésus-Christ, mon Père l'aimera, et je me
manifesterai à lui (2).

(1) 2ᵃ 2ᵉ q. 25, art. 1, c. — (2) Joan., xiv, 1.

» Secondement, on peut comparer ces deux amours sous un autre rapport : savoir, que, dans l'amour de Dieu, Dieu est aimé seul, tandis que, dans l'amour du prochain, le prochain est aimé à cause de Dieu ; en sorte que l'amour du prochain renferme l'amour de Dieu, au lieu que l'amour de Dieu ne renferme pas l'amour du prochain.

» On peut donc mettre en comparaison, poursuit saint Thomas, l'amour parfait de Dieu, qui s'étend même au prochain, et un amour insuffisant et imparfait qui ne s'appliquerait qu'à Dieu seul. Je dis insuffisant et imparfait, puisque Dieu nous a fait ce commandement : Que celui qui aime Dieu, aime aussi son prochain ; et, en ce sens, l'amour du prochain a la prééminence (1). »

III.

L'Apôtre de la charité, saint Jean, le bien-aimé Disciple de Jésus, nous explique dès le commencement cette prééminence ; il nous montre l'indissolubilité du lien qui unit les deux amours, celui de Dieu et celui du prochain, et comment ils se confondent dans la perfection même de la charité. Mais il nous fait voir en

(1) 2ª 2ᵉ q. 27, art. 8. c.

même temps que l'amour du prochain est la manifestation la plus authentique de l'amour de Dieu. C'est une eau abondante et limpide, coulant du haut de la montagne pour fertiliser la plaine, et qui témoigne de la fécondité et de la pureté de sa source.

« Mes bien-aimés, dit-il, aimons-nous les uns » les autres, car la charité est de Dieu, et tout » homme qui aime porte le caractère de ses en- » fants; il est né de Dieu, et il prouve par là » qu'il connaît bien Dieu, son Père (1), » puis- qu'il reproduit, d'une manière sensible, sa bonté, sa providence, sa douce miséricorde.

« Celui qui n'aime point, au contraire, est » convaincu de n'avoir pas une connaissance » (au moins pratique), du vrai Dieu (2). » Il répudie le titre de son fils; il cesse d'être son image.

Vous dites que vous aimez Dieu? continue- t-il; « mais Dieu, nul homme ne l'a jamais vu. » Vous-même, l'avez-vous contemplé dans son es- sence? Or, comment pouvez-vous être sûr d'ai- mer ce que vous ne voyez pas, ce qui est insai- sissable à tous les efforts même de votre esprit? Au lieu que l'invisible, vous le voyez des yeux mêmes du corps dans son image, et vous pouvez l'aimer, sans crainte d'illusion, dans vos frères.

(1) 1 Joan., IV, 7. — (2) *Ibid.* 8.

« Donc, si nous nous aimons les uns les autres,
» conclut l'Apôtre, nous pouvons affirmer que
» Dieu demeure véritablement en nous. Son
» amour alors (mais seulement alors,) est par-
» fait dans nos cœurs (1). »

Il ajoute, pour confirmer son raisonnement :
« Si donc quelqu'un dit : J'aime Dieu, et ne
» laisse pas de haïr son frère, c'est un MENTEUR. »
Pourquoi ? D'abord, par la raison déjà alléguée,
et sur laquelle il insiste. « Comment, en effet,
» peut-il dire qu'il aime véritablement Dieu (ce
» Dieu inaccessible à tous les sens, invisible à
» l'œil de l'homme,) celui qui n'aime pas son
» frère, qu'il sait créé à l'image de Dieu, et qu'il
» voit, » qu'il touche, lié à lui par une communauté d'origine et de destinée, par l'identité de
nature, par les attraits de la ressemblance, enfin,
par une infinité de besoins réciproques qui nous
rendent tous, dans cette vie, tributaires les uns
des autres (2)?

Et puis, enfin, comment se persuader, comment se dire que l'on aime Dieu, lorsqu'on viole
son commandement le plus saint, le plus souvent répété? « Or, poursuit saint Jean, c'est de
» Dieu même que nous avons reçu ce Comman-
» dement : QUE CELUI QUI AIME DIEU, AIME AUSSI
» SON FRÈRE (3). Quiconque aime Dieu, en effet,

(1) Joan., 12.— (2) Ibid., IV, 20. — (3) Ibid., 21.

» aime aussi ses enfants. Nous connaissons que
» nous aimons les enfants de Dieu, quand nous
» aimons Dieu et que nous gardons ses Com-
» mandements, parce que l'amour que nous
» avons pour Dieu consiste à obéir à sa volonté
» adorable (1). »

Si donc vous n'aimez pas votre frère, vous
n'aimez pas Dieu, nous l'affirmons avec le saint
Apôtre, avec Jésus-Christ lui-même ; non, vous
n'aimez pas Dieu, puisque vous méprisez son
Commandement.

IV.

Telle est la substance de la doctrine chrétienne sur la Charité. L'amour du prochain s'y
confond avec l'amour de Dieu, qui en est le
principe et la fin, et ces deux amours constituent
inséparablement la vertu toute divine, la vertu
surnaturelle, qui parut un jour dans le monde
en la personne de Jésus-Christ, sous le nom de
CHARITÉ ; *Deus Charitas est.*

Et depuis ce jour, c'est de son cœur, nous aimons à le redire, c'est du cœur du Fils de Dieu
et de Marie, comme d'une source céleste, iné-
puisable, infinie, que s'échappent les fleuves de
grâce et de sainteté, d'esprit d'amour et de sa-

(1) 1 Joan., v, 1, 2, 3.

crifice, qui portent la fécondité dans les âmes et font admirer à la terre ces générations sans cesse renaissantes des hommes de la miséricorde, des héros de la charité, sous leurs diverses appellations d'apôtres, de martyrs, de pontifes, de prêtres, de religieux, de missionnaires, de vierges, de saintes femmes, de justes de tous les rangs et de tous les âges, dont la vie, pure comme celle des Anges, n'est, à l'imitation de Jésus-Christ, qu'une continuelle immolation pour le salut spirituel et le soulagement corporel de leurs frères.

L'excellence de la Charité, on le conçoit aisément d'après cette notion générale, ne saurait donc être comparée à quoi que ce soit d'entre les choses créées. C'est ce que Pascal, ce grand philosophe chrétien, avec toute l'originalité de sa pensée, exprime ainsi :

« La distance des corps aux esprits figure la » distance infiniment plus infinie des esprits à la » charité, car elle est surnaturelle.

» Tous les corps, le firmament, les étoiles, la » terre et ses royaumes, ne valent pas le moindre des esprits ; car il connaît tout cela et soi ; » et les corps, rien.

» Tous les corps ensemble, et tous les esprits » ensemble et toutes leurs productions, ne valent » pas le moindre mouvement de charité ; car » elle est d'un ordre infiniment plus élevé.

» De tous les corps ensemble, on ne saurait en
» faire réussir une petite pensée ; cela est impos-
» sible, et d'un autre ordre. De même, de tous
» les corps et esprits, on n'en saurait tirer un
» mouvement de vraie charité ; cela est impos-
» sible, et d'un autre ordre tout-à-fait surnatu-
» rel (1). »

Elle part uniquement du cœur du Fils de Dieu
fait homme. Elle est donc tout à la fois divine
et humaine ; mais, par le côté divin de son origine, elle tient de l'infini.

V.

L'amour surnaturel de Dieu, ainsi greffé sur
le sentiment instinctif qui est au fond de notre
nature, opère alors la transformation de toutes
les vertus humaines, quelquefois pompeuses,
nous en convenons, mais toujours stériles, et,
sous ce rayon du soleil des âmes, les rend fécondes et belles, méritoires d'une récompense immense et éternelle.

Vous n'en nommeriez pas une qui ne soit,
comme nous pourrions vous le démontrer à l'in-
stant, une fleur de cet arbre divin, épanouie au
souffle de la charité de Jésus-Christ.

Saint Augustin, au quinzième chapitre de l'ad-

(1) *Pensées*, art. ix, Jésus-Christ.

mirable livre *des Mœurs de l'Eglise catholique* (1),
montre lui-même comment toute la science pratique de la morale se résume dans la Charité. Ce
grand Docteur, qui a pénétré si avant dans les
profondeurs de la doctrine chrétienne, voit de
cette sorte dans l'amour de Dieu, dont il sup-
pose toujours l'amour du prochain inséparable,
le principe et le terme de toutes les vertus. Elles
sont toutes, en effet, comme des tendances diverses de l'amour, autant de mouvements parti-
culiers du cœur vers Dieu, en tant que souverain bien, souveraine perfection, souveraine sagesse, souveraine paix, souveraine unité.

Ainsi, pourrions-nous dire, à l'imitation de ce
grand interprète de la loi de Charité, la Prudence, qui n'était, chez les païens, que l'habileté
de la ruse, le savoir-faire de l'ambition, l'art en
un mot d'élever sa fortune sur la ruine d'autrui,
après cette transformation, peut s'appeler un
amour qui discerne le bien du mal, d'une manière aussi prompte que sûre, et choisit les
moyens les plus favorables pour aller à Dieu avec
ses frères, sous les pas desquels on s'empresse
d'ôter les pierres et les épines du chemin, qui
sont les scandales et les misères de la vie.

Ainsi, la justice païenne, qui n'était qu'une

(1) Voir aussi la seconde lettre à Macédonius, qui est la 150e
de la collection.

perpétuelle et suprême injure à l'humanité, parce qu'elle voulait être stricte et sans miséricorde dans l'homme privé, implacable et sans tempérament dans l'homme public, toujours entourée de glaives, de bûchers et de tortures, n'est autre chose, sous la loi de Charité, qu'un amour de Dieu comme principe d'ordre, tendant de plus en plus, avec les progrès de l'Evangile, à ramener les hommes au respect de leurs droits mutuels par l'égalité, et à substituer à la rigueur des supplices, la douceur de la persuasion.

Ainsi, la force d'âme, qui n'était autrefois qu'une vaine ostentation de courage, par laquelle tantôt l'on se précipitait dans la mort avec la brutalité du gladiateur pour amuser la multitude, tantôt l'on affectait l'insensibilité dans la douleur avec le stoïcien pour flatter l'orgueil des philosophes, cette force qui mettait toujours son triomphe à braver les périls et les obstacles, afin d'arriver à satisfaire la passion du pouvoir, ou de la gloire, ou du plaisir, maintenant, chez les chrétiens et surtout chez les martyrs, est un amour sublime qui souffre tout pour Dieu et pour ses frères, pardonne généreusement à ses ennemis, et, du sein des tortures, sourit même à ses bourreaux.

Ainsi, la Tempérance, qui n'était que l'art de conserver sa santé pour jouir plus longtemps des plaisirs des sens, aux dépens de la dignité de

l'âme, est, parmi les disciples du Christ, et no-
tamment dans le Prêtre catholique ou dans la
Sœur de Charité, un amour, chaste d'esprit et de
corps, qui se conserve ainsi pur de toute cor-
ruption, afin de se dévouer avec plus de liberté
et de lumière, ici à conquérir des âmes à Dieu,
là à soulager l'Humanité souffrante.

VI.

Cette unique loi de l'amour, avec son double
objet, Dieu et l'homme, est la source de toutes
les obligations morales, le fondement de tous les
préceptes, dit saint Thomas, *Moralia in præce-
ptis Charitatis fundantur* (1).

Qui ne connaît le magnifique traité de Domat,
où ce savant jurisconsulte montre d'une manière
si éminemment philosophique, par des déduc-
tions si simples et si claires, si logiques en même
temps, comment de l'amour de Dieu, souverain
bien et dernière fin de notre existence, découle
l'amour du prochain, c'est-à-dire de toute créature semblable à nous, et destinée à la même
béatitude ; et comment, ensuite, de l'amour de
Dieu et du prochain, cette première et double
loi de notre nature, découlent toutes les lois
naturelles et civiles sur lesquelles repose toute

(1) S. Thom., 3ᵃ p. q. 47, art. 2 ad 1ᵘᵐ.

société humaine, et l'ordre de la religion, et la police des états, les devoirs et les droits de chacun, les obligations de l'individu et de la famille, la sainteté des serments, l'inviolabilité des contrats? Tout le monde moral, selon notre grand jurisconsulte, roule donc sur ce pivot unique, la CHARITÉ.

Bacon, avant Domat, l'avait également compris : « La Religion chrétienne, d'un seul trait, dit ce célèbre philosophe (1), forme les hommes à toutes les vertus, en imprimant dans leur âme la CHARITÉ, qui est appelée convenablement le lien de la perfection, *Vinculum perfectionis* (2), parce que, effectivement, cette vertu rassemble et enchaîne toutes les autres... Il n'est pas douteux que si l'âme d'un homme brûle du feu de la véritable Charité, cet homme ne soit dans un degré de perfection auquel il ne pourrait jamais parvenir avec tous les préceptes et toutes les ressources de la philosophie morale...

» Toutes les qualités humaines que nous admirons le plus, continue Bacon, et qui donnent le plus de dignité à notre nature, sont sujettes à des excès ; la Charité seule n'en est point susceptible. Les Anges, en ambitionnant une puissance égale à celle de Dieu, ont prévariqué et sont tombés : « Je monterai, dit Satan, et je

(1) *De augm. scient.*, l. vii, vers. fin. — (2) Coloss., iii, 14.

serai semblable au Très-Haut (1). » L'homme, en aspirant à une science égale à celle de Dieu, est aussi tombé : « Vous serez comme des dieux, sachant le bien et le mal (2). » Mais en aspirant à une bonté semblable à la bonté ou à la charité de Dieu, ni l'ange ni l'homme n'ont couru et ne courront jamais aucun danger. Nous sommes même formellement invités à l'imitation de cette charité infinie : « Aimez vos ennemis ; faites du bien à ceux qui vous haïssent ; priez pour ceux qui vous persécutent et vous calomnient, afin que vous soyez les enfants de votre Père céleste, qui fait lever son soleil sur les bons et sur les méchants, et fait pleuvoir indistinctement pour les justes et pour les injustes (3). »

Ecoutez enfin le témoignage de l'illustre auteur du *Génie du Christianisme* : « Quant à la Charité, fille de Jésus-Christ, dit le philosophe-poète, elle signifie, au sens propre, *grâce* et *joie*. La Religion, voulant réformer le cœur humain et tourner au profit des vertus nos affections et nos tendresses, a inventé une nouvelle *passion*; elle ne s'est servie pour l'exprimer, ni du mot d'amour qui n'est pas assez sévère, ni du mot d'amitié qui se perd au tombeau, ni du mot de pitié, trop voisin de l'orgueil ; mais elle a trouvé l'expression de *Charitas*, CHARITÉ,

(1) Isaïe, xiv, 14. — (2) Genes., ii, .— (3) Matth., v, 44, 45.

qui renferme les trois premiers, et qui tient en même temps à quelque chose de céleste. Par là, elle dirige nos penchants vers le Ciel, en les épurant et les reportant au Créateur; par là, elle nous enseigne cette vérité merveilleuse que les hommes doivent, pour ainsi dire, s'aimer à travers Dieu, qui spiritualise leur amour, et ne laisse que l'immortelle essence, en lui servant de passage.

« Mais si la Charité est une vertu chrétienne directement émanée de l'Eternel et de son Verbe, elle est aussi en étroite alliance avec la nature. C'est à cette harmonie continuelle du Ciel et de la terre, de Dieu et de l'humanité, qu'on reconnaît le caractère de la vraie Religion. Souvent les institutions morales et politiques de l'antiquité sont en contradiction avec les sentiments de l'âme. Le Christianisme, au contraire, toujours d'accord avec les cœurs, ne commande point des vertus abstraites et solitaires, mais des vertus tirées de nos besoins et utiles à tous. Il a placé la Charité comme un puits d'abondance dans les déserts de la vie (1). »

VII.

Cette notion générale de la Charité et ces graves témoignages suffiront, ce nous semble,

(1) *Génie du Christianisme*, liv. ii, ch. iii.

pour faire comprendre combien ont été mal in-
spirés ceux qui, dans ces derniers temps, répudiant le fruit le plus divin du Christianisme, ont
voulu substituer à l'AMOUR DE DIEU PAR-DESSUS
TOUTES CHOSES ET DU PROCHAIN COMME SOI-MÊME, A
CAUSE DE DIEU, à cet amour plus grand que le
monde, plus fécond que la nature, plus fort que
la mort, un sentiment purement humain, honorable sans doute, mais faible, hélas! étroit et
impuissant, comme tout ce qui vient de l'homme.

Privés de la lumière de la foi, ils ont voulu se
passer de Dieu dans l'ordre de la morale, comme
ils avaient cru pouvoir s'en passer dans l'ordre
de la sience. Après avoir rejeté sa parole révélée,
cette grande illuminatrice des âmes, ils ont re-
poussé de leurs cœurs sa grâce et son amour.
Retombant du Ciel sur eux-mêmes, ils ont folle-
ment prétendu trouver dans la nature humaine,
isolée ainsi de son auteur, toute vertu, toute sagesse, toute perfection, et, partant, toute félicité.
Alors donc, dans le superbe dessein de n'agir
qu'au nom de l'homme, que par l'homme, que
pour l'homme, ils se sont efforcés de détruire
non-seulement la notion chrétienne, mais jusqu'au nom même de la Charité. Et dans un siècle
voisin du nôtre, au grand jour du Christianisme,
un philosophe, s'adressant à un pauvre, a osé
faire entendre cet horrible blasphème : « Tu me
demandes que je t'assiste pour l'amour de Dieu?

Ce mot glace mon cœur. Demande-moi plutôt au nom de l'Humanité, et il s'ouvrira à la miséricorde! »

Philosophe insensé, ne vois-tu pas qu'en répudiant la vertu du ciel, pour cette vertu de la terre, tu mets à la place d'une douce et féconde réalité, un pâle et stérile fantôme? ne vois-tu pas que repasser de la Charité à l'humanité, c'est remonter de la civilisation à la barbarie, de l'Evangile au paganisme, de la liberté à l'esclavage! Ah! fais-nous donc, de grâce, l'histoire de l'humanité! et ne va pas chercher les éléments de cette histoire chez les anthropophages de l'Amérique et de l'Océanie. Demande-les plutôt aux peuples les plus policés, aux philosophes même de la Grèce et de Rome; puis viens, pour nous convaincre, la mettre en parallèle avec les merveilles de la Charité.

Et voilà, Nos très-chers Frères, comment en se séparant de la source unique de la vérité et de l'amour, pour ne suivre que sa superbe et ténébreuse raison, l'homme arrive à l'odieux et à l'absurde. Nous les avons vues dans leur application, à la fin du dernier siècle, ces tristes doctrines qui déshéritent les peuples de toutes les consolations du Ciel. On avait voulu faire une société sans Dieu et sans Charité; et les hommes, au nom de l'humanité, s'y envoyaient impitoyablement les uns les autres à la mort! Il fallut que

3

la Religion de Jésus-Christ y rentrât avec la Charité divine, pour y rétablir l'ordre, la justice, la
paix, l'amour de ses semblables, quelque chose
enfin qui ressemblât un peu plus à la véritable
humanité, ou plutôt qui en fût la perfection.
Alors la société, après avoir été secouée, abattue
par la tempête, s'est relevée, et a refleuri sous
ses inspirations célestes.

Comme on voit, après une nuit d'orage, les
fleurs des champs, couchées par terre et en dés-
ordre, chargées encore de pluie, se relever peu
à peu, sous le souffle de la brise matinale, et,
aux rayons du soleil qui reparaît, exhaler de
nouveau leurs parfums, au sein de la nature
consolée : telles nos âmes dévastées par les passions, telles les nations elles-mêmes brisées par
la tempête, quand elles viennent à recevoir l'in-
fluence de la Charité de Jésus-Christ.

Ah! son nom seul, ce nom plein d'onction et
de suavité, quand il est bien compris, réveille
dans l'esprit et fait sentir au cœur tout ce qu'il
y a de plus sacré dans les cieux et de plus doux
sur la terre. C'est l'irradiation de l'amour éternel de Dieu sur l'Humanité déchue et souffrante,
c'est l'effusion de l'âme compatissante du Christ,
c'est le plus pur éclat de la vertu, c'est la perfection de l'Evangile !

VIII.

Mais quoi! la Charité ne date-t-elle donc que des temps évangéliques? Peut-on dire qu'elle ait été ignorée des Anciens? Et les païens eux-mêmes n'employaient-ils pas ce mot pour signifier toutes les affections bienveillantes des hommes entre eux?

Non sans doute, BIEN-AIMÉS FRÈRES, la Charité n'a pas été totalement ignorée dans les temps antérieurs au Christianisme : cela ne pouvait pas être. La grâce n'étant donnée que pour perfectionner la nature, il a bien fallu que les premiers éléments de cette transformation divine se soient trouvés au fond de la nature même. Les affections bienveillantes, dans l'homme, avaient été affaiblies et circonscrites, mais non pas éteintes, témoin le vers sublime et toujours applaudi de Térence :

« Je suis homme, et rien de ce qui regarde les autres hommes, ne peut m'être étranger. »

« *Homo sum, humani nihil à me alienum puto* (1). »

(1) « Par le mot *prochain*, dit saint Augustin, l'Évangile
» n'entend pas seulement ceux qui nous sont unis par les
» liens du sang, mais tous ceux à qui nous tenons par l'iden-
» tité de la nature, par la loi de la naissance et par le don com-
» mun de la raison, qui lie tous les hommes dans une même
» société. C'est ce que la lumière de la vérité qui, jusque dans
» le paganisme même, a éclairé ce qu'il y a eu d'excellents

Ainsi, humanité, fraternité, bienfaisance, dévouement étaient des sentiments connus, jusqu'à un certain point, des païens eux-mêmes, nous en convenons, et le mot qui les embrasse tous, celui de CHARITÉ, emprunté à la langue grecque, était devenu déjà le plus beau de la langue latine, avant la consécration même qu'en a faite le Fils de Dieu. Nous admirons sans difficulté, avec tout le monde, ce beau passage souvent cité de Cicéron, quoique sa charité philosophique soit encore, comme vous allez le voir, quelque chose de bien étroit, de bien misérable en présence des grandeurs et des magnificences de la Charité chrétienne.

« Dans le domaine du beau moral, dit donc
» l'illustre orateur romain, il n'est rien qui brille
» d'un plus vif éclat, et s'étende plus loin que
» l'union de l'homme avec son semblable : socié-

» esprits, a fait comprendre au poète comique, lequel, dans
» une scène où deux vieillards se parlent l'un à l'autre, après
» avoir fait dire à l'un : « Vos propres affaires vous laissent-
» elles tant de loisirs, que vous puissiez vous mettre en peine
» de celles des autres, qui ne vous regardent pas? fait répon-
» dre au second : *Je suis homme, et tout ce qui regarde les*
» *hommes, me regarde.* A quoi tout le théâtre applaudissait
» comme d'une seule voix. Or, quoiqu'il y eût là bien des
» gens ou ignorants ou à sens dépravés, il ne se trouvait per-
» sonne néanmoins à qui une impression secrète, gravée dans
» le fond de la nature, ne fît sentir qu'étant hommes, il n'y
» avait point d'homme en effet qu'il ne dût regarder comme
» son prochain. » *Lettre de saint Augustin à Macédonius*, 155,
n° 14.

» té où tous les biens sont, en quelque façon,
» mis en commun, c'est la Charité, ou l'amour du
» genre humain. Ce sentiment a ses racines dans
» la tendresse paternelle; puis, unissant les fa-
» milles par les liens du mariage et de l'affinité,
» il s'étend au dehors, premièrement par les
» branches des parentés plus éloignées, ensuite
» par des alliances, des amitiés, par les liaisons
» du voisinage, par la participation aux mêmes
» usages, aux mêmes lois, par les traités et les
» confédérations des peuples, enfin par un im-
» mense lien qui embrasse l'humanité entière.
» Dans cette union universelle, rendre à chacun
» ce qui lui est dû, maintenir l'égalité entre tous
» les membres du genre humain, c'est observer
» la justice : vertu qui a pour compagnes la piété,
» la bonté, la douceur, la bienfaisance, et toutes
« les qualités de ce genre (1). »

Que le poète ait pressenti ce qui allait être
solennellement proclamé par le Christ, cette
grande fraternité des hommes, cette solidarité de
nature et de race, cette sympathie universelle
qui en est la suite ; que Cicéron ait prophétisé
aussi, pour ainsi dire, ces sentiments évangéliques, en rassemblant sous le nom encore à peine
ébauché de la Charité tout ce qu'il pouvait connaître de plus tendre et de plus unissant entre

(1) De finib. bon. et mal., lib. v, 23.

les hommes : nous savons que les intelligences élevées et les grandes âmes ont reçu une sorte d'instinct de divination, pour se faire les interprètes des besoins de leur époque. Ils écoutent le cri intime de la nature, et ils en deviennent les fidèles échos parmi les peuples. C'est pourquoi les hommes supérieurs sont toujours en avant de leur siècle, qui souvent ne les comprend pas. Ces belles paroles de l'illustre orateur et du grand poëte, qui, sans nul doute, n'en avaient pas eux-mêmes complétement l'intelligence, sont donc, si vous le voulez, comme un reflet, dans leur imagination, de l'aurore de l'Evangile, dont le soleil va bientôt se lever sur l'horizon, qu'il illuminera de toutes ses splendeurs.

Cependant, si l'on y regarde de près, ce reflet même semble disparaître, et l'on y trouve à peine une ressemblance éloignée avec la Charité évangélique. L'orateur romain, en effet, circonscrit sa Charité dans le cercle, soit des inclinations naturelles, ce qui ne fait pas la vertu, soit des sentiments fondés sur la réciprocité, ce qui ne constitue que la justice, comme Cicéron lui-même l'avoue naïvement à la fin de ce passage, ne reconnaissant rien de plus beau que la simple équité.

Toute la question entre la charité humaine de Cicéron et la Charité divine de Jésus-Christ est donc dans ce point : faire du bien à ceux qui

nous en font à nous-mêmes ; ou faire du bien à
ceux-là même qui nous font du mal : Quel est le
plus parfait ? Jésus-Christ a répondu dans son
Evangile : Si vous aimez ceux qui vous aiment,
où est la vertu ? où est l'héroïsme ? Et si vous
ne faites du bien qu'à ceux qui vous en font, que
faites-vous de plus que les païens ? Mais aimez
vos ennemis, rendez le bien pour le mal, priez
pour ceux qui vous persécutent : alors vous res-
semblerez à votre Père céleste, qui fait lever son
soleil et descendre sa rosée sur les méchants
comme sur les bons (1).

Ensuite, pour apprécier cette charité envers
le genre humain, au sens de Cicéron, il faut
savoir ce que c'était que le genre humain des
païens, même celui des philosophes et des poètes.
S'il dépassait quelquefois les limites de la patrie,
il n'allait jamais au delà des peuples alliés, et
les esclaves, c'est-à-dire les deux tiers de la population du globe, incontestablement n'en fai-
saient point partie. Malgré les phrases pompeuses
de Cicéron sur l'immense lien qui embrasse l'humanité entière, malgré le beau vers de Térence
proclamant une sorte de solidarité entre les hommes, l'étranger n'en restait pas moins un ennemi pour le Romain ; c'était un barbare
qu'il fallait, après l'avoir vaincu, sinon tou-

(1) Matth., v, 44-48.

jours massacrer, au moins réduire en esclavage (1).

(1) Quelques écrivains rationalistes, au lieu de se borner à
de simples insinuations, ont accusé hardiment le Christianisme
d'avoir emprunté aux doctrines qui l'ont précédé ses enseignements sur la fraternité.

« Le Christianisme, disent-ils, a hérité de toutes les religions et de tous les systèmes philosophiques.... Il a emprunté
à la Grèce sa métaphysique, au stoïcisme sa morale.... *L'école
stoïcienne n'eût-elle découvert que le principe de la fraternité,*
cela suffirait à sa gloire. Or, c'est bien le stoïcisme et non le
Christianisme *qui a reconnu pour la première fois que les hommes sont frères, et frères en Dieu.* »

« Du reste, ajoutent-ils, quand même on admettrait que la
philosophie d'Athènes et de Rome n'a pas connu la loi de la
fraternité, ce serait dénaturer les faits que d'en attribuer la
promulgation au Fils de Marie. Bien des siècles avant sa prédication, Çakya-Mûni et ses disciples l'annoncèrent à d'innombrables populations, et la théorie de l'Evangile, de Paul
et de Jean, n'est qu'un pâle reflet de la théologie du Bouddhisme. »

Ces deux objections reposent sur d'étranges confusions, que
nous devons signaler en très-peu de mots.

Que veut-on dire quand on affirme que Zénon, Cléanthe,
Chrysippe, Epictète et Marc-Aurèle annoncèrent la *fraternité
des hommes en Dieu?* Ces penseurs prirent pour point de dé-
part un panthéisme matérialiste, et ils considérèrent tous les
individus comme des évolutions de la substance unique, comme
des formes passagères de l'*animal divin*, ainsi que s'expriment
les panthéistes, et dont les développements constituent la vie
universelle. Ce dogme absurde, au lieu de créer dans le monde
la doctrine de la Charité, la rendait impossible, comme nous
nous proposons de le démontrer plus tard ; car quels devoirs
peuvent lier entre elles les diverses manifestations de la Divinité? Une telle théologie ne peut inspirer aux intelligences
qu'un sauvage orgueil, un égoïsme effréné, sans amour pour
le prochain, sans sympathie pour ses douleurs.

IX.

Enfin, quoi qu'il en soit, pour un petit nombre d'hommes d'élite, de ces nobles tendances, de ces beaux pressentiments, de ces grandes inspirations, si nous considérons la civilisation païenne qui a précédé le Christianisme, nous y retrouvons dans les faits publics de tous les jours et de tous les pays, l'impuissance de cet amour naturel des hommes, de cette philanthropie, vainement décorée du nom de Charité, parce qu'elle n'en a, en effet, que le nom.

Cette humanité, si pompeusement décrite par

Au premier coup d'œil, le Bouddhisme présente des analogies plus frappantes avec le Christianisme; mais, en l'examinant avec une attention vraiment scientifique, on est frappé de la différence radicale de ces deux doctrines.

La doctrine de la fraternité chrétienne attribue à tous les membres du genre humain une même origine, en les faisant tous descendre d'un père sorti des mains de Dieu. Le Bouddhisme fait naître tous les hommes du développement de forces aveugles et fatales, sans aucune intervention de l'Eternel. S'il attaque le régime des castes, c'est pour y substituer une doctrine non moins absurde et non moins insensée.

Le Christianisme fait de l'amour du prochain une conséquence de l'amour de Dieu, et nous fait aimer Dieu dans nos frères. Le Bouddhisme est fondé sur un athéisme subtil, qui prive de tout principe les enseignements moraux qu'il veut bien conserver.

Le Christianisme contient, dans ses enseignements sur la vie éternelle, une admirable et profonde sanction de sa doctrine de la Charité. Le Bouddhisme, en prêchant l'anéantisse-

Cicéron, n'empêchait pas le droit de mort des pères sur les enfants, l'exposition légale des nouveau-nés, les horreurs de l'esclavage, les guerres d'extermination, le mépris des hommes enfin, et leur immolation par hécatombes, dans les théâtres, pour le plaisir de la multitude.

La bienfaisance gratuite, on la comprenait à peine chez les peuples païens; la compassion des malheureux était réputée une faiblesse; et l'assistance du pauvre en général, qu'on nous la fasse voir en exercice parmi eux ? Où étaient ces soins tendres de la bienfaisance chrétienne, prodigués aux malades, aux vieillards, aux orphelins, aux enfants abandonnés, aux Madeleines repentantes?

ment final des âmes, prive sa prédication morale de toute sanction efficace et sérieuse. Si cette prédication renferme quelques préceptes admirables, on en trouve d'analogues dans toutes les religions, et cela s'explique parfaitement par l'unité du genre humain et par la révélation primitive.

Enfin, on peut juger, par la différence des résultats, de la profonde différence des doctrines. Les peuples chrétiens marchent à la tête de l'humanité, et sont les premiers du monde dans l'ordre de la pensée, de la puissance et de la liberté. Les 170 millions d'hommes qui, dit-on, professent le Bouddhisme, multitudes abruties, sans intelligence et sans cœur, gémissent sous le bâton de despotes capricieux et stupides, dans les îles inhospitalières de la Malaisie, dans les cités de l'Indo-Chine, dans les steppes de la Tartarie et du Thibet, dans les immenses provinces du Céleste Empire, dégradé et corrompu par mille superstitions grotesques. Nous avons donc le droit de répéter le mot profond du savant et religieux Frédéric de Schlégel : « Le Bouddhisme ressemble au Christianisme, comme le singe ressemble à l'homme. »

Qu'on nous montre donc, à Sparte ou à Rome, quelque chose qui ressemble aux asiles innombrables de la Charité. On a beaucoup vanté l'hospitalité des anciens, et ils ont ignoré la plus touchante de toutes, celle que le Ciel offre à la terre, dans ces palais du pauvre portant l'enseigne sublime d'*Hôtel-Dieu,* où Dieu lui-même, en effet, semble attendre toutes les misères du monde pour les soulager.

Enfin, voulez-vous quelques traits de l'amour du pauvre chez les païens? écoutez :

Platon, dans sa République, Platon, le plus grand maître de la sagesse humaine, considère le pauvre comme un animal impur dont il faut se délivrer.

Plaute, interprétant sur le théâtre le sentiment public des Romains, disait : « Il fait bien mal, » celui qui donne à manger au mendiant, il » perd ce qu'il donne, et ne fait que prolonger » les souffrances d'un malheureux. »

Maximien Galère, voulant faire de l'assistance publique à peu de frais, faisait ramasser tous les mendiants de Rome, en chargeait de vieux navires, et les faisait couler à fond en pleine mer.

Nous ne voulons pas dire que toutes ces horreurs fussent, chez les Grecs et les Romains, des suites de leur civilisation, et cependant nous ne pouvons nous empêcher de faire remarquer que ces mêmes hommes, qui sont restés en beaucoup

de choses des modèles admirables, peut-être ini-
mitables, surtout dans la pratique des arts, qui
ont exercé même quelques vertus humaines au
plus haut degré, malgré tant de lumières, de
force et d'éclat, sont tombés le plus bas possible,
sous le rapport de l'humanité et de la bienfaisance. Ah! c'est que toutes les affections bienveillantes dans l'homme avaient été détournées de
l'objet divin par lequel elles sont saintes, fécondes, universelles, et qu'elles avaient été privées
en même temps du mobile surnaturel qui les
rend durables et invincibles, éternelles comme
Dieu même. En perdant, hélas! l'amour de
Dieu, il avait perdu l'amour de son semblable,
et par le péché il était tombé, en se brisant, sous
l'empire de l'égoïsme. Vaste ruine du plus superbe édifice de la création, au sein de laquelle
ce monstre du moi humain, dont la nature est
de n'adorer que soi, de n'aimer que soi, de rap-
porter tout à soi, se nourrit dans sa passion soli-
taire du bien-être, de la substance des autres
hommes, de leurs larmes, de leurs sueurs et de
leur sang!

Ah! c'est que l'homme ne peut vaincre l'é-
goïsme avec la triple concupiscence, où ce fu-
rieux ennemi de la société a ses racines, où il puise
toutes ses forces, que par une force supérieure,
par un secours surhumain qui lui vienne d'en haut.
Or, cette force supérieure à la nature, qui le fera

triompher et de la convoitise et de l'égoïsme, de lui-même enfin, ne peut être que l'amour de Dieu reconquis, l'amour éternel et sans limites, infusé miraculeusement dans l'Humanité.

Un jour donc la Charité vivante, substantielle, vint s'installer dans ce monde, pour le régénérer, en lui communiquant ainsi sa grâce, avec ses inspirations, et voici rapidement cette merveilleuse histoire, selon les témoignages les plus authentiques du Ciel et de la terre.

X.

Dieu, qui est la Charité éternelle et par essence, dit l'Apôtre de l'amour (1), a tellement aimé le monde, qu'il a donné son Fils unique, afin que tout homme qui croit en lui ne périsse point, mais qu'il ait la vie éternelle (2). Et cet amour de Dieu envers nous éclate surtout en cela, qu'il nous a aimés le premier, lorsque nous ne l'aimions pas, et que nous étions dans l'injustice, dans le crime, dans la mort (3). C'est alors qu'il a résolu de nous envoyer son Fils, comme victime de propitiation pour nos péchés, afin que, régénérés dans son sang, réconciliés par son sacrifice, nous vivions désormais d'une

---

(1) I Joan., IV, 8 et 16. — (2) II *Ibid.* XIII, 16. — (3) *Ibid.*, IV 9, 10.

vie divine, et nous partagions un jour sa gloire, après avoir suivi ses exemples et pratiqué ses vertus (1).

Le Verbe de Dieu, obéissant à son Père, est donc descendu sur la terre pour s'unir à notre nature perdue par le péché, abîmée dans la concupiscence, endurcie par l'amour exclusif du moi, afin de la relever, de la réchauffer, de la dilater, de la vivifier, en lui apprenant à aimer véritablement, c'est-à-dire comme Dieu aime, et c'est pourquoi il s'est fait chair (2).

Le Verbe éternel s'est fait chair dans le temps comme nous, il est né de notre race, notre sang a coulé dans ses veines, et le genre humain a pu compter un Dieu dans ses généalogies (3). Dieu s'est fait fils de l'homme, afin que l'homme fût fait fils de Dieu et que l'Humanité tout entière fût ainsi exaltée, glorifiée, divinisée (4).

Or, Nos TRÈS-CHERS FRÈRES, dès que la Divinité se mêle de cette sorte à la nature humaine (5) pour la transformer, pour faire de la famille d'Adam une race divine, qui ne voit que l'AMOUR DES HOMMES, se confondant avec l'AMOUR DE DIEU, s'accroît, par une conséquence nécessaire, dans les proportions mêmes de l'infini ?

Et voilà la CHARITÉ CHRÉTIENNE ! C'est ainsi,

(1) Joan., II, 2, et *B. Pauli Epist. passim*. — (2) *Ibid.*, I, 14. (3) Matth., 1, et Luc, III, 23. — (4) Joan., I, 12. — (5) II Petr., I, 4.

comme tout à l'heure nous vous le disions, qu'elle a été entée, cette vertu céleste, sur la stérile humanité, pour féconder les âmes, pour dilater les cœurs, pour les faire plus grands que le monde, aussi vastes que les Cieux.

XI.

Le jour où le vrai Fils de Dieu s'est fait vrai fils de l'homme, afin que l'homme fût fait lui-même fils de Dieu par une véritable adoption (1), nous sommes devenus les frères de Jésus-Christ, non-seulement en tant qu'il est homme, par notre commune descendance d'Adam, mais aussi en tant qu'il est Dieu, par cette filiation adoptive de son Père. « Voyez, s'écrie ici l'Apôtre saint » Jean dans l'extase de son admiration, voyez » quel amour le Père céleste nous a témoigné, de » vouloir, non pas seulement que nous soyons » appelés, mais que nous soyons réellement les » enfants de Dieu (2)! »

Et (qui n'admirerait encore ici le comble des condescendances divines?) pour dissiper à cet égard toute crainte d'illusion et de méprise, voici que le Fils de l'Éternel lui-même, daignant reconnaître ce titre de notre adoption, ne rougit pas de nous donner le doux nom de frères, la

(1) Joan., I, 14. — (2) I *Ibid.*, III, 1.

veille même de son ascension au ciel et de son exaltation dans la gloire : « Allez, dites à mes » frères; voilà que je monte vers mon Père, qui » est votre Père, vers mon Dieu, qui est votre » Dieu (1). » Oh, c'est trop ravissant! le cœur devrait se fondre d'amour, Nos BIEN-AIMÉS FRÈ- RES : *Videte qualem charitatem dedit nobis Pater, ut filii nominemur et simus!*

Mais de là, que de nouveaux liens de tendre amitié entre les hommes! Enfants déjà d'un même père sur la terre, qui est Adam, nous sommes encore enfants d'un même Père céleste, qui est Dieu! par conséquent doublement frères entre nous, comme nous sommes doublement frères avec Jésus-Christ!

Ah! si chacun de mes semblables est mon frère à tant de titres, s'il est honoré de tant d'a- mour de la part de Dieu même, si le Ciel a mis en lui tant de dignité, tant de grandeurs, que de devoirs ne m'imposera pas cette fraternité!

Il faut donc que j'aime cet homme, ce mal- heureux, ce pauvre, quel qu'il soit, non-seule- ment comme mon semblable, comme créature intelligente et créature de Dieu, portant naturel- lement quelques traits à demi effacés de lui, mais encore comme son image vivante, restaurée de sa main divine, rachetée au prix même de son sang!

(1) I Joan., xx, 17.

Il faut donc que je l'aime, non-seulement parce qu'il est mon frère selon l'ordre de la nature, parce qu'il est issu de la même race humaine, mais comme appartenant tous deux à une race divine, comme frères selon un ordre plus élevé et par conséquent encore plus réel!

Il faut, en un mot, que je l'aime comme un frère de Jésus-Christ, son cohéritier pour le ciel, comme un fils de Dieu appelé à régner avec lui et avec moi dans sa gloire, ou plutôt que j'aime Dieu en lui, et lui en Dieu, par un même acte d'amour (1), avec une tendresse de frère.

Voilà la FRATERNITÉ CHRÉTIENNE! et ce qui en fait l'âme, l'essence, la perfection, vous le voyez, c'est la Charité. Que la Charité, dit l'Apôtre, perfectionne votre amour de frère : *In amore fraternitatis Charitatem* (2).

XII.

Vous savez, dit l'Apôtre saint Paul aux Corinthiens, pour les exciter à l'assistance fraternelle, vous savez quelle a été la bonté de notre Seigneur Jésus-Christ, qui, étant riche de tous les biens de la divinité, s'est fait pauvre POUR L'AMOUR DE VOUS, afin que vous devinssiez riches

(1) S. Thom., 2ª 2ᵉ quæst. 25, art. 1, c.
(2) II Petr., i, 7.

4

par l'effet de cette sorte d'appauvrissement volontaire.

L'aumône humilie, quand ce n'est pas l'amour qui la fait. Je repousse alors ce que vous m'offrez ici avec hauteur ou vanité, là avec contrainte ou tristesse. Mais si vous vous inclinez vers moi cordialement et joyeusement, comme un frère tend la main à son frère; si vous me donnez votre cœur avant de me donner le secours dont j'ai besoin, mon cœur se dilate alors, et, plein de reconnaissance, il se verse dans le vôtre. Je ne souffre plus d'être admis, pour une part, si petite qu'elle soit, à la participation de vos biens, parce que vous m'avez fait entrer auparavant dans la communauté de vos affections et de vos tendresses. Ah! oui, pour que je conserve ma dignité d'homme, et que je ne sois point humilié de vos dons, il faut que vous ayez mis entre vous et moi, par l'amour, une sorte d'égalité, comme l'expose saint Jacques dans son admirable Épître, l'égalité même des enfants de Dieu.

C'est ce qu'a fait le Fils de l'Éternel : avant de faire l'aumône au genre humain, de lui donner secours et assistance, de lui prodiguer ses bienfaits, il commence par se dépouiller de sa gloire, afin de se rapprocher plus aisément de nous. Il se fait d'abord Fils de l'homme, notre frère en Adam, et, dès qu'il est devenu notre frère, dès qu'il s'est montré, pour ainsi dire, notre égal, il se donne tout lui-même : il nous donne son cœur, ses affections, son âme, ses pensées, son corps, ses larmes, ses sueurs, ses travaux, sa vie, sa mort, son humanité, sa divinité, toutes les consolations de son Évangile, toutes les grâces de ses Sacrements, tous les attraits de ses vertus et de ses exemples, toutes les richesses de sa miséricorde, tous les trésors de son éternité.

Et maintenant, depuis que j'ai été régénéré par lui, je n'ai pas seulement ma dignité d'homme à sauvegarder, dans mes rapports avec les hommes; vous devez surtout, qui que vous soyez, prendre garde de ne point blesser ma dignité de Chrétien. Vous devez, dans mon Christianisme, honorer ma royauté d'enfant de Dieu, et, dans ma pauvreté, mon premier droit à la céleste béatitude.

Moi donc Chrétien, fils de Dieu par adoption, frère de Jésus-Christ, héritier du royaume du Ciel, je ne puis rien recevoir dignement que de Dieu ou en son nom, car ce n'est qu'à lui que je puis demander sans m'abaisser; et quand je m'adresse à vous pour obtenir un soulagement à ma misère, c'est comme au ministre de sa Providence et à l'économe de ses biens : vous n'êtes que le dépositaire de ses dons.

C'est pourquoi, Nos TRÈS-CHERS FRÈRES, le

Chrétien pauvre demande l'aumône au nom de Dieu et pour l'amour de Dieu, et ce qu'il demande de son semblable plus riche, au nom de Dieu, ce n'est pas tant encore le secours matériel, qu'un témoignage de son amour de frère : « Au nom de Dieu, la Charité! » c'est-à-dire, d'abord l'amour, puis l'assistance.

Mais, nous direz-vous peut-être, ils n'ont donc pas tout-à-fait tort, ceux qui repoussent l'aumône comme une humiliation?

Ils ont raison devant l'aumône antique, l'aumône philosophique ou païenne, l'aumône purement humaine en un mot, fruit d'une générosité vaniteuse ou d'une pitié insultante. Oui, cette aumône, qui est le don de l'homme à l'homme, au nom seul de l'homme, est un abaissement de celui qui reçoit, et toute âme un peu noble n'en voudrait pas la plus petite parcelle. Mais ils ont tort devant celle qui se demande au nom de Dieu, et se donne de la part de Dieu, ils ont tort devant la Charité chrétienne, et ils ne la repoussent que parce qu'ils ne la comprennent pas.

Non l'aumône divine, le don de Dieu par Jésus-Christ, et de l'homme par l'amour, la CHARITÉ, enfin, pour tout exprimer à la fois dans une seule et incomparable parole, oh! celle-là n'abaisse point, elle élève, au contraire, et elle unit davantage les hommes. Car, d'une part, quel est l'enfant qui ne serait point glorieux de recevoir les dons de son Père, et d'un tel Père, comme gage de ses tendresses? Et, d'autre part, comment la répartition plus égale, mais surtout plus cordiale, de ce que le Père donne à ses enfants, n'augmenterait-elle pas la concorde et l'union des frères?

Voilà, dans l'Église, ce que c'est que le secours fraternel, l'assistance évangélique, l'AUMÔNE CHRÉTIENNE, et si ce mot blesse votre délicatesse par le souvenir de tout ce qu'il emporte d'humiliant en dehors de la foi de Jésus-Christ, appelez-la du nom le plus sublime, de son vrai nom, du nom de la divine CHARITÉ.

XIII.

Jésus a toujours commencé par faire; puis il a enseigné (1).

L'exemple de la Charité fraternelle est donné, Nos TRÈS-CHERS FRÈRES; mais il reste au divin Sauveur à en formuler le précepte, avant de consommer son sacrifice. C'était donc la veille de sa mort : « Mes chers petits enfants, disait-il » à ses disciples, *filioli*, je n'ai plus que peu de » temps à être avec vous. Je vous fais en ce mo- » ment suprême un COMMANDEMENT NOUVEAU, » qui est de vous aimer les uns les autres, comme » je vous ai aimés (2). Quelques instants après,

(1) Act. apost., I, 1. — (2) Joan., XIII, 33, 34.

le Sauveur du monde renouvelant la divine affir-
mation par laquelle il institue, pour ainsi dire, la
Charité sur la terre : « Oui, continue-t-il, c'est
» ici MON COMMANDEMENT, à moi, celui DE VOUS
» AIMER LES UNS LES AUTRES, COMME JE VOUS AI
» AIMÉS (1). » Et pour que cette vertu, qu'il veut
recommander, soit bien comprise par eux, il
ajoute tout aussitôt cette explication, qui en fait
ressortir de plus en plus le principal caractère :
« Personne ne peut avoir un plus grand amour
» que de donner sa vie pour ses amis : *Majorem*
» *hac dilectionem nemo habet, ut animam suam*
» *ponat quis pro amicis suis* (2). » Méditons les
clauses de ce testament d'amour.

D'abord, d'où vient que Jésus-Christ parle ici
de la Charité comme de son commandement
unique, comme s'il n'en avait pas donné d'autres?
« Ah! répond saint Grégoire-le-Grand, c'est que
» tous les Commandements se rapportent à la
» Charité comme à leur principe, et que tout ce
» que le Sauveur a commandé dans son Évan-
» gile, dépend de l'amour de Dieu et du pro-
» chain, de même que les branches et les ra-
» meaux d'un arbre sortent tous d'un seul tronc
» et dépendent d'une seule racine (3). » C'est,
BIEN-AIMÉS FRÈRES, vous le voyez, tout-à-fait con-

(1) Joan., xv, 12. — (2) *Ibid.*, xv, 13. — (3) Gregor. magn.
Hom. 27. in Evang.

forme à ce que nous avons déjà expliqué nous-même assez longuement.

Ensuite, pour bien comprendre la pensée du Sauveur du monde, faisons remarquer ces trois choses :

Premièrement, que c'est un Commandement nouveau, donc distinct de l'ancien Commandement promulgué par Moïse. Celui de Moïse disait : « Vous aimerez votre prochain comme » vous-même. » C'est pure justice. La nature humaine, jusque-là, n'en pouvait porter davantage. Celui de Jésus dit : « Vous l'aimerez » comme je vous ai aimés, » c'est-à-dire, en un sens, plus que vous-mêmes. C'est la perfection de l'amour. Mais, par la grâce de Dieu, elle n'est pas au-dessus des forces du Chrétien.

Deuxièmement, que c'est le Commandement de Jésus-Christ, l'objet spécial de sa mission divine, qui devait former comme l'essence de sa Doctrine. La Charité est donc proprement fille du Christ, et le Commandement de l'amour fraternel est exclusivement le sien. Aucune religion ne peut le revendiquer, et il n'est le fruit d'aucune philosophie.

Troisièmement, que le modèle de notre Charité est Jésus-Christ lui-même, qui nous a aimés jusqu'à donner sa vie pour nous. En sorte que vous devez aimer votre prochain non-seulement jusqu'au sacrifice de vos biens, de votre repos, de votre santé, mais, si son salut l'exige, jusqu'au sacrifice même de votre vie, avec un total désintéressement, soit de fortune pour votre famille, soit de gloire pour votre nom, uniquement pour l'amour de Dieu et de votre frère.

Votre courage se trouble! votre cœur hésite!... Voyez Jésus-Christ, votre modèle! il vous donne, avec l'exemple, la grâce de l'imiter. Dilatez donc votre âme, au souffle de la sienne. Ah! son amour ne se borne pas aux Juifs, aux sages, aux hommes de bien. Il s'étend à tous les hommes, aux pécheurs comme aux justes, aux impies comme aux pieux fidèles, à ses ennemis les plus acharnés comme à ses amis et à ses disciples. Ses ennemis! après les avoir vainement prévenus de ses plus douces paroles, comblés vainement de ses bienfaits, il immole pour eux la plus précieuse de toutes les vies. Mais plutôt, voyez-le sur la Croix!... Avant d'expirer, il prie avec une tendresse infinie pour ses bourreaux, offrant à son Père, en expiation de leurs crimes, ce même sang que versent leurs mains sacriléges!

Ainsi, crie de toutes ses forces au monde nouveau l'Apôtre saint Jean : « Nous avons reconnu » l'amour de Dieu envers nous, en ce qu'il a » donné sa vie pour nous ; et nous de même, » NOUS DEVONS DONNER NOTRE VIE POUR NOS FRÈ- » RES (1). »

(1) Joan., III, 16.

Voilà l'ESPRIT DE SACRIFICE, inconnu à l'ancien monde! le voilà poussé jusqu'aux dernières limites! c'est le triomphe, c'est la perfection de la Charité.

XIV.

Enfin, voici le plus grand et le plus saisissant spectacle que Dieu puisse donner à ses créatures intelligentes, à la fin des siècles, sur les ruines de l'univers, alors que le voile, si je puis dire, du Sacrement de la Pauvreté sera levé à la face du monde, et que vous verrez de vos propres yeux tout ce qu'avait de formidable et d'attrayant à la fois la sanction que l'Eternel a voulu donner à la loi de la Charité. Ecoutez : c'est Jésus-Christ qui parle :

« Lorsque le Fils de l'Homme viendra dans
» sa majesté, et tous les Anges avec lui, alors il
» s'assoiera sur le trône de sa gloire, et toutes
» les nations seront rassemblées devant lui ; et il
» séparera les uns d'avec les autres, comme le
» berger sépare les brebis d'avec les boucs, et il
» placera les brebis à sa droite et les boucs à sa
» gauche.

» Alors le Roi *éternel des siècles* dira à ceux qui
» seront à sa droite : Venez les bénis de mon
» Père ; possédez le royaume qui vous a été pré-
» paré dès la création du monde : car j'ai eu
» faim, et vous m'avez donné à manger ; j'ai eu

» soif, et vous m'avez donné à boire ; j'étais sans
» asile, et vous m'avez recueilli ; sans vêtements,
» et vous m'avez vêtu ; malade, et vous m'avez
» visité ; en prison, et vous êtes venus à moi.
» — Alors les justes lui diront : Seigneur, quand
» est-ce que nous vous avons vu avoir faim, et
» que nous vous avons donné à manger ? où avoir
» soif, et que nous vous avons donné à boire ?
» Quand est-ce que nous vous avons vu sans
» asile, et que nous vous avons recueilli ; sans
» vêtements, et que nous vous avons vêtu ? et
» quand est-ce que nous vous avons vu malade
» ou en prison ? et que nous vous avons visité ?
» — Et le *Roi de gloire* leur répondra : En vé-
» rité, je vous le dis, chaque fois que vous l'avez
» fait au moindre de mes frères, c'est à moi-
» même que vous l'avez fait.

   » Alors, s'adressant également à ceux qui se-
» ront à sa gauche, il leur dira : Retirez-vous de
» moi, maudits, et allez au feu éternel qui a été
» préparé pour le démon et pour ses anges : car
» j'ai eu faim, et vous ne m'avez pas donné à
» manger ; j'ai eu soif, et vous ne m'avez pas
» donné à boire ; j'étais sans asile, et vous ne
» m'avez pas recueilli ; sans vêtements, et vous
» ne m'avez point vêtu ; malade, ou en prison,
» et vous ne m'avez pas visité. — Alors, eux
» aussi prendront la parole, et lui diront : Sei-
» gneur, quand est-ce que nous vous avons vu

» avoir faim, ou avoir soif, sans asile ou sans vê-
» tements, malade ou en prison, et que nous ne
» vous avons point assisté ? — Et il leur répon-
» dra : En vérité, je vous le dis, chaque fois que
» vous ne l'avez point fait au moindre de mes
» frères, c'est à moi-même que vous ne l'avez
» point fait.

» Et ceux-ci iront au supplice éternel ; et les
» justes dans la vie éternelle. »

Voilà ce que nous avons appelé le SACREMENT
DE LA PAUVRETÉ. Considérez donc celui qui se dit
caché dans le plus petit de vos frères, ayez pitié
de Jésus-Christ dans le malheureux qui vous im-
plore, et révérez enfin sous ces haillons la majesté même de Dieu. N'oubliez pas surtout que
l'action judiciaire, au grand jour des rétribu-
tions, sera toute là, uniquement là, pour ainsi
dire : Comment avez-vous observé la loi de l'assistance fraternelle ?

Mais voilà aussi la SANCTION DIVINE DU COM-
MANDEMENT DE LA CHARITÉ. Et, à la différence des
législateurs humains, qui ne sanctionnent leurs
lois que par la menace du châtiment, nous
voyons ici en même proportion la récompense
à côté de la peine : ÉTERNITÉ de joies pour les ob-
servateurs du précepte ; pareillement, pour les
violateurs du précepte, ÉTERNITÉ de supplices.
Ainsi le veut la suprême égalité ! Ainsi l'a décrété
la souveraine justice.

Tremblez donc, infracteurs de la loi divine ; mais vous, âmes compatissantes, réjouissez-vous !

XV.

Telles sont, Nos très-chers Frères, les fécondes émanations, les fruits de vie, les grandeurs, les sublimités, les magnificences, ou plutôt, comme dit saint Paul, la largeur et la longueur, la hauteur et la profondeur, toutes les divines dimensions, en un mot, de la Charité chrétienne.

Donc, Charité chrétienne, en tant que cette vertu a tout à la fois Dieu et le prochain pour objet, dit, dans le sens le plus parfait possible, humanité, fraternité, assistance, mais infiniment plus que cela encore ; elle dit amour du prochain comme soi-même, et sous quelque rapport, plus que soi-même, en Dieu, pour Dieu, à cause de Dieu ; c'est-à-dire amour humain divinisé, amour surnaturel, amour universel, amour affectif et effectif. Car la Charité de Jésus-Christ renferme, non pas seulement les sentiments intimes de ces vertus morales surnaturalisées, mais toutes les manifestations, toutes les œuvres qui en sont la preuve extérieure et palpable : le soulagement des misères corporelles et spirituelles, les bienfaits de tout genre comme marque de commisé-

ration, les secours de diverse nature, la protec-
tion au malheur, l'instruction gratuite, les bons
conseils, la consolation dans les peines, les encou-
ragements dans le désespoir, la correction fraternelle, l'édification du bon exemple, la patience,
la bénignité, la mansuétude, la douceur des manières et des paroles, l'indulgence pour les dé-
fauts d'autrui, la tolérance des personnes et des
opinions, la crainte d'humilier et de blesser nos
semblables, l'oubli des injures, l'amour de la paix
et de la concorde, le désintéressement, le dévouement, l'esprit de sacrifice, l'immolation de
ses aises, de son repos, de son bien, et de sa vie
même, dans certaines positions où la Providence
peut placer l'homme vis-à-vis de son semblable.

Encore une fois, voilà ce que c'est que la Charité ! c'est le fleuve de vie qui féconde la terre
pour la faire produire ces fruits divins, dont les
germes ont été déposés dans son sein par Jésus-
Christ, nous voulons dire les trésors de vertu, de
grandeur morale, de force et de prospérité, que
Dieu attache, pour les individus et pour la société, à la fidèle observation du précepte de
l'amour fraternel !

XVI.

L'histoire nous apprend, Nos très-chers Frères,

que l'Apôtre de la Charité, Jean l'Evangéliste, accablé d'ans et de travaux, se faisait porter dans l'assemblée des fidèles. Ne pouvant plus faire de longs discours, il se bornait à répéter avec une expression pleine de tendresse ces paroles du divin Sauveur : « Mes chers petits enfants, *filioli*, » aimez-vous les uns les autres. »

Fatigués de les lui entendre répéter sans cesse, un jour ses disciples l'interrogent ainsi : « Maître, » pourquoi dites-vous toujours la même chose ?» Saint Jean alors fit cette réponse, digne du disciple de l'amour : « Parce que c'est le Commandement du Seigneur, et si on l'observe, cela « suffit. » *Quia præceptum Domini est, et si solum fiat, sufficit* (1).

Oui, certes, cela suffit, et pour l'homme, et pour la société ; et pour la vie présente, et pour la vie future ; car là est la perfection, là est le bonheur, là est la plénitude des destinées humaines !

Ah ! si les nuages sombres qui, depuis si longtemps, menacent le monde, n'étaient sillonnés encore par des éclairs de l'amour divin ; si Dieu, qui est l'éternel foyer de cet amour, ne l'alimentait pas sur la terre au sein de son Eglise ; s'il s'éteignait complétement dans les âmes, nous désespérerions du salut de l'humanité. Mais il arrivera

---

(1) Hieron., lib. III, cap. VI, *Comment. Epist. ad Galat.*

dans un avenir prochain, nous en avons la douce confiance, que les hommes, désabusés de leur propre sagesse, et reconnaissant l'impuissance de leur politique à raffermir l'ordre social, se rapprocheront de Jésus-Christ pour recevoir la vie qu'il est venu apporter au monde, et qu'il communique à ses disciples par la Charité. Alors ils prendront tous part au plus ravissant spectacle que la Religion puisse donner à la terre, celui d'une société unie par la profession d'une même foi, par un même esprit d'amour, n'ayant qu'un cœur et qu'une âme, et offrant ici-bas une image du Ciel.

Oui, Nos très-chers Frères, nous avons cette consolante espérance, qui va croissant chaque jour au fond de notre cœur. Ah! elle éclate malgré nous en transports de joie, quand nous voyons tout ce qui se fait, au nom de l'amour de Dieu et du prochain, dans cette grande cité, orgueil de la France, déjà (au dire même des autres peuples) la CAPITALE DE LA CIVILISATION par la gloire des sciences et des lettres autant que par la politesse de ses habitants, et qui peut à bon droit s'appeler encore la CAPITALE DE LA CHARITÉ, à cause de la multitude même de ses créations charitables, de ses établissements de

bienfaisance évangélique, de ses œuvres saintes
de toute nature.

Parcourez le monde, du nord au midi, du
couchant à l'aurore, et montrez-nous un lieu, si
vous le pouvez, où le superflu de la richesse s'é-
panche plus abondamment et plus ingénieuse-
ment sur les misères humaines. Nulle part, on
ne donne et PLUS et MIEUX : surtout, on ne donne
pas mieux, c'est-à-dire ni avec plus de joie, ni
avec plus de délicatesse. Nous insistons ici, Nos
TRÈS-CHERS FRÈRES, car la façon même d'exercer
la charité, suivant le témoignage du saint Apôtre, ajoute singulièrement à son efficacité et à
son mérite (1). Là, plus qu'ailleurs, l'inégalité
inévitable de la fortune et des conditions semble
disparaître ; elle est compensée du moins, autant
que possible, par l'esprit de sacrifice, par la
spontanéité des dons, par la bienveillance des
procédés, par les prévenances de l'amour, par
la tendresse dudévouement, par tout ce qui dés-
arme la jalousie et rapproche les hommes entre
eux.

Paris! ville de merveilles, cité sans rivale, ce
qui me remplit d'admiration dans ton sein, ce
ne sont donc pas ces palais resplendissants d'or,
où toutes les grandeurs humaines, de siècle en
siècle, ont laissé, en passant, avec l'empreinte

(1) Hilarem enim datorem diligit Dominus. II Cor., ix, 7.

de leurs souvenirs, l'éclat de leur magnificence ;
ce ne sont pas ces musées où s'étalent, par les
soins de la science, aux regards émerveillés, ici
les productions des divers règnes de la nature,
là les chefs-d'œuvre des arts et de l'industrie ;
ce ne sont : ni la colonne qui porte le grand
Empereur jusque dans les cieux, avec cette spi-
rale de bronze où sont gravés, pour l'étonnement
des âges futurs, les faits d'armes, les victoires et
les conquêtes dont a été remplie une des vies les
plus prodigieuses de l'histoire ; ni cet arc de
triomphe érigé à la gloire de la grande armée,
qui dépasse toutes les proportions connues des
anciens, en fait de semblables monuments, et
dont le ceintre, chargé de trophées militaires,
semble, de loin, vouloir se confondre avec la
voûte étoilée.

Ce que nous admirons surtout, ce qui nous
plaît et nous touche, ce que nous contemplons
avec ravissement, c'est le spectacle, encore une
fois, de cette Charité active, infatigable, qui se
multiplie sur tous les points de la capitale, pour
courir au secours des pauvres, des malades, des
vieillards, des infirmes, des orphelins, des ignorants, des égarés, des délaissés, des aveugles, des
sourds-muets, des aliénés, des prisonniers, des
condamnés, de toutes les victimes enfin ou du
vice ou de la misère, élevant, au nom de Jésus-
Christ, de magnifiques demeures à cette Huma-

nité pauvre et souffrante, fondant des hôpitaux et des hospices, créant des bureaux de bienfaisance, établissant des dispensaires, bâtissant des maisons de refuge, dotant des écoles, ouvrant des salles d'asile, faisant des crèches, et recueillant, dans ces divers monuments de son zèle, toutes les infirmités spirituelles et corporelles, non pour les exposer aux regards des savants, comme des objets de curiosité ou d'étude, mais pour en prendre soin, pour les soulager, pour les guérir, s'il est possible, en recourant à toutes les ressources de l'art, et au prix des plus dispendieux sacrifices.

Voilà les palais et les musées de la Religion, qui brillent à côté de ses temples sacrés, d'un éclat devant lequel pâlissent toutes les gloires de la terre!

Eh! que de bras, que de nobles cœurs, que de pieuses associations, dont la Charité se sert pour combattre tous ces maux! Outre les Associations générales qui rayonnent dans tous les quartiers de Paris, et vont y chercher la misère sous toutes ses formes, s'adressant à chacune des douleurs de la vie, pour s'efforcer de la détruire, ou du moins de la calmer, de l'enchanter, pour ainsi dire, au moyen de ses divines consolations, il y a encore dans chaque Paroisse des Œuvres particulières, dont le Sacerdoce, inspirateur ordinaire et âme de toute création charitable, est plus spécialement le centre, le foyer toujours ardent, et qui subviennent aux besoins les plus pressants des pauvres et des infortunés dans cette portion de notre troupeau fidèle. Nous ne pourrions vous les énumérer ici les unes et les autres, tant elles sont nombreuses, et la liste seule de ces Associations et de ces Œuvres, avec le simple exposé de leurs réglements, que l'on imprime en ce moment par notre ordre, fera un livre qui, dans la petitesse de son volume, sera l'un des plus beaux monuments élevés à la gloire de la Charité de Jésus-Christ.

Encore moins pourrions-nous vous dire la multitude d'hommes et de femmes de toute condition et de tout âge, qui prennent part à ces Œuvres. Ce sont, d'abord, les Pasteurs des âmes, qui, après les avoir nourries du pain spirituel, donnent encore, quand ils le peuvent, le pain du corps à leurs pauvres brebis. Ce sont ces légions de saints Prêtres, vicaires aussi de la Charité du Christ pour le service, soit de la Paroisse, soit des hôpitaux, soit des prisons : puis ces autres légions sacrées, qui secondent si puissamment notre ministère, nous voulons dire les divers ordres de Prêtres réguliers établis dans le Diocèse ; à la suite desquels nous voyons la milice plus humble, mais bien populaire, admirable par son dévouement, des Frères de la doctrine chrétienne.

A côté de ces héros de la Charité se rangent les Vierges consacrées particulièrement à son culte : les Filles de la Charité de saint Vincent de Paul, les Augustines de l'Hôtel-Dieu, les Hospitalières de Saint-Thomas-de-Villeneuve, les Filles de la Charité de Nevers, les Sœurs de Sainte-Marie, celles de Saint-André, celles de Saint-Joseph, celles de Notre-Dame du Bon-Pasteur, et tant d'autres, dont le nom échappe à notre souvenir, lesquelles, semblables à d'industrieuses abeilles, travaillent à l'envi et avec une sainte rivalité, dans leurs retraites, à préparer, pour les membres souffrants de Jésus-Christ, le miel des suavités célestes, le baume qui doit cicatriser leurs plaies.

Mais voici que le spectacle s'agrandit et devient de plus en plus touchant ! Du sein même du monde, accourent sous les bannières de Jésus-Christ, pleines des saintes ardeurs de la Charité, des cohortes sans nombre de chrétiens riches, de jeunes gens d'élite, d'honnêtes ouvriers, qui répandent sur les pauvres, avec une large part de leurs biens, toutes les consolations divines et humaines : ce sont les nombreuses Conférences de Saint-Vincent-de-Paul, et les Sociétés de Saint-François-Régis, de Saint-François-Xavier, du Patronage de Saint-Nicolas, des Amis de l'enfance, des Apprentis, et d'autres encore, que nous sommes forcé de passer sous silence.

Mais qui pourrait dire surtout le zèle de ces femmes chrétiennes qui, sachant concilier tous les devoirs de la société et de la famille avec les occupations de la plus active bienfaisance, se montrent saintement fières de leur titre de Dame de Charité, ou de la Miséricorde, ou de la Maternité, ou des Prisons, ou du Patronage, ou de Sainte-Anne, ou de Sainte-Geneviève, ou des pauvres malades, ou des hôpitaux, ou des salles d'asile, ou des crèches, ou des faubourgs, et, par un acte héroïque, se font QUÊTEUSES au profit des misérables : sublimes mendiantes de Jésus-Christ, tendant la main pour toutes ces OEuvres que nous venons de mentionner, et pour toutes celles que nous ne nommons pas, parmi lesquelles cependant il ne nous est pas permis d'omettre l'OEuvre des Petits - Séminaires , l'OEuvre des Carmes et l'OEuvre de Marie-Thérèse !

Voilà la grande armée de Jésus-Christ, pour laquelle nous demandons au ciel des arcs-de-triomphe bien autrement pompeux et sublimes que ceux de la terre, lorsque, sous le regard prophétique de notre foi, son divin Chef nous apparaissant aux portes de l'éternité, à la tête des siens, après la conquête du monde par la Charité, nous poussons avec le Psalmiste ce cri de victoire : « Princes de la milice céleste, ouvrez vos » portes ! Élevez-vous, dilatez-vous, portes éter-

» nelles, pour faire passage au Roi de gloire! »
— Et les Anges répondent : « Quel est-il, ce Roi
» de gloire? » — Et nous chantons : « C'est le
» Seigneur, le fort, le puissant! c'est le Seigneur
» qui triomphe dans les combats (1) » de l'amour
contre l'égoïsme, qui subjugue ses ennemis à
force de grâces et de bienfaits !

Mais, en attendant cette entrée triomphale dans
la cité éternelle, soyez bénis dès ici-bas, vous
tous qui vous livrez avec tant de courage et de
persévérance aux pénibles travaux, aux fatigues
quotidiennes de la Charité ! Sans doute votre
cœur, plein d'espérance et d'amour, y trouve des
consolations ineffables ; mais, à côté de ces joies
intimes de la conscience, il y a, quelquefois aussi,
bien des rebuts et des humiliations, bien des
importunités et des mécomptes. Ah! Dieu le
voit : regardez à la récompense, et consolez-
vous !

Soyez bénis, vous tous jeunes Chrétiens, qui,
fuyant les spectacles et les plaisirs du monde, trou-
vez votre bonheur à visiter les pauvres, à recueil-
lir des enfants abandonnés, à instruire les uns
de leurs devoirs, à diriger les autres dans leur ap-
prentissage, à moraliser les jeunes ouvriers, à
payer les loyers de ceux-ci, à acquitter les dettes
de ceux-là, à réhabiliter les mariages illégitimes,

(1) Ps. XXIII, 7.

à consoler les familles éprouvées, à porter des secours aux indigents, à essuyer enfin les larmes de toutes les infortunes !

Soyez bénies, Dames chrétiennes, qui consacrez le superflu de vos richesses, de votre temps, et même de votre tendresse de mère, soit à la conservation de la vertu, soit à la réparation de l'innocence, et qui prodiguez les soins les plus touchants à celles que vous appelez vos filles adoptives et vos sœurs en Jésus-Christ, dans les maisons de patronage ou dans les ouvroirs, dans la ville ou dans les faubourgs. Saintes héroïnes de la Charité, les noms de plusieurs d'entre vous, avec le souvenir de vos œuvres, ont pu échapper à notre mémoire, mais rien n'est oublié devant Dieu, rien ne l'est dans notre cœur d'Évêque : soyez toutes bénies à jamais ! Et bénies soient vos familles ! bénis vos enfants ! béni tout ce qui vous est cher !

Ah ! votre Archevêque est heureux de répandre ainsi son âme sur vous, avec ses plus affectueuses bénédictions ! Il est heureux et fier de vous compter parmi son troupeau. Oh ! vous lui êtes d'un secours immense dans l'accomplissement de son sacré ministère ; et par votre concours dévoué, vous allégez le poids de ses sollicitudes, vous le soulagez d'une partie de sa terrible responsabilité. Il vous en remercie devant Dieu et par Jésus-Christ ; et, afin de s'acquitter envers vous, il vous promet de redoubler, pour vous, de prière et d'amour à l'autel du Sacrifice.

Certes (nous nous plaisons, en finissant, à proclamer cette intime conviction, à la face du monde), si Paris était menacé de la colère du ciel, comme autrefois les cinq villes coupables, à cause des crimes nombreux qui s'y commettaient, votre Charité, Nos très-chers Frères, plus forte que l'iniquité, détournerait la foudre vengeresse, et Dieu laisserait subsister cette grande cité, à cause des œuvres charitables que vous y faites. Ainsi, consolateurs de Paris dans ses misères de tous les jours, vous en êtes encore les sauveurs en face de la justice divine. Oui, après Dieu, bien-aimés Fidèles, vous redonnez à la société mourante la vie, que vous puisez d'abord pour vous, pour votre âme, dans la divine Charité.

O Charité! ô amour de Dieu et amour de nos frères, qui vous épanchez incessamment du cœur de Jésus comme d'une source intarissable, c'est vous même qui êtes la vie de l'âme et la vie de la société. Venez donc dans chacun de nous détruire jusqu'au dernier vestige de notre égoïsme et de notre cupidité; puis, absorbez, parmi nous, tous les éléments de divisions, cause de la ruine des peuples. Faites, ô divine Charité, que tous les hommes ne composent plus qu'une grande famille de frères! qu'ils ne reconnaissent ni exclusion ni limites dans leurs affections mutuelles! que chacun, en un mot, concoure à l'harmonie universelle, en se dévouant pour tous ; car il y a place pour tous dans le cœur que vous dilatez : pour l'individu, pour la famille, pour la Cité, pour la patrie, pour le monde, pour l'univers.

Et sera, notre présent Mandement, lu au Prône de la Messe paroissiale, dans les Eglises et Chapelles de notre Diocèse, le Dimanche qui en suivra la réception.

Donné à Paris, sous notre seing, le sceau de nos armes, et le contre-seing du Secrétaire général de notre Archevêché, le 20 avril 1852.

MARIE-DOMINIQUE-AUGUSTE,
Archevêque de Paris.
Par Mandement de Mgr l'Archevêque,
COQUAND, *Chan. hon. Secrét. gén.*

NOTE

Que Messieurs les Curés pourront consulter, pour connaître l'ordre des Exercices de la Visite pastorale dans les Églises de Paris.

Monseigneur l'Archevêque ne visite ordinairement qu'une seule Paroisse par semaine, et consacre trois ou quatre jours à chacune d'elles.

Le Dimanche qui précède la visite, on lit à la Messe du Prône l'Instruction pastorale, en date du 2 février 1849 (*n° 12 de la Collection*), afin que les Fidèles puissent se préparer à recevoir les grâces attachées à la présence de leur premier Pasteur.

LE SAMEDI.

Monseigneur l'Archevêque se rend le soir, à sept heures et demie, à l'Église qu'il doit visiter.

Le Clergé de la Paroisse et les Membres du Conseil de Fabrique, auxquels souvent s'adjoignent les chefs des autorités civiles, viennent recevoir le Prélat sur le seuil du temple. Le Curé lui présente la croix à baiser, l'encens à bénir, et après une allocution à laquelle répond le Pontife, on s'avance processionnellement vers l'autel; on chante l'antienne du Saint patron de l'Église, comme il est marqué au Rituel; Monseigneur l'Archevêque dit l'Oraison, entonne le *Veni Creator;* et, l'Hymne achevée, il monte en chaire pour faire connaître aux Fidèles la nature, le but de la visite, les fruits de sanctification qu'il en espère pour la Paroisse. La bénédiction du très-Saint-Sacrement termine ce premier Exercice.

LE DIMANCHE.

L'Archevêque se rend à l'Église dès huit heures du matin, pour célébrer la Messe de communion, à laquelle, par Indult spécial, est attachée une Indulgence plénière. Avant et après la Messe, le Pontife adresse à l'assistance une courte et paternelle exhortation.

Monseigneur assiste ensuite à la Grand'Messe, et y fait le Prône, en expliquant le texte de l'Evangile du jour.

Le temps qui sépare la Grand'Messe des Vêpres est employé à visiter les Congrégations, les Confréries, les Catéchismes de Persévérance, les Maîtrises d'enfants de chœur, etc., pour leur adresser des paroles d'édification et d'encouragement.

A Vêpres, Monseigneur fait le sermon ou y assiste ; dans ce dernier cas, il prend toujours la parole pour faire le résumé de l'instruction, en déduire des conséquences pratiques et donner des avis.

A huit heures du soir, il se rend de nouveau à l'Église pour présider les réunions d'ouvriers, connues sous le nom d'*Association de Saint-François-Xavier,* quand il y en a d'établies sur la Paroisse, et leur adresse une instruction.

Ce même jour, avant ou après Vêpres, M. le Curé présente à Monseigneur les Membres du Conseil de Fabrique.

S'il n'y a pas de réunion d'ouvriers, Monseigneur reçoit encore, au Presbytère, les Messieurs des Conférences de Saint-Vincent-de-Paul, les Dames de Charité, etc.

LE LUNDI.

Monseigneur l'Archevêque célèbre la Messe à huit heures. Il a prévenu, dès la veille les pères et les mères de famille, les maîtres et maîtresses d'école que le Saint-Sacrifice serait offert, ce jour-là, plus spécialement pour les petits enfants. Le lundi, en effet, les mères et les nourrices, portant leurs enfants dans leurs bras, occupent le centre de l'Eglise. Les enfants des écoles se rangent dans les bas-côtés et les chapelles. Après la Messe, Monseigneur monte en chaire pour faire une Instruction analogue à cette touchante solennité. Ensuite, un Prêtre, revêtu de l'étole, chante l'Evangile indiqué dans le Rituel pour la bénédiction des enfants. Monseigneur l'Archevêque parcourt enfin les rangs des enfants qu'il vient de bénir, et marque au front, du signe de la croix, les plus petits d'entre eux.

Cette cérémonie achevée, il fait l'inspection de l'Eglise et de tous les objets qui servent au culte ; il visite les fonts baptismaux, les chapelles, les autels, les confessionnaux ; se fait présenter, à la sacristie, les vases sacrés, les linges, les ornements, les registres, etc.

Il reçoit ensuite au Presbytère, les chefs des Associations pieuses, les Messieurs de Saint-Vincent-de-Paul, les Sœurs et les Dames de Charité, ainsi que les Dames qui prennent part aux Œuvres diocésaines, telles que celles des Petits-Séminaires, des Carmes, de Marie-Thérèse, etc., qui n'auraient pas été reçus le dimanche.

Après midi, a lieu la visite des écoles primaires, des ouvroirs, des crêches, des asiles, etc. Le Clergé, les inspecteurs des écoles, les maires ou adjoints accompagnent ordinairement le Prélat.

Le soir, à huit heures, on se réunit à l'Eglise, et le Salut du très-Saint-Sacrement termine les Exercices de la journée.

LE MARDI.

Monseigneur l'Archevêque se rend le matin, à huit heures, à l'Eglise, comme les jours précédents. Il offre le Saint-Sacrifice pour les morts. Cette Messe est précédée et suivie d'une Instruction.

Il reçoit en audience particulière, au Presbytère, les Messieurs du Clergé de la Paroisse.

Après midi commence la visite des ateliers et des pauvres malades, dont la liste a été dressée par M. le Curé. Ces visites, ainsi que celles des écoles, se font à pied, à moins que le temps ne le permette pas.

Le soir, à huit heures, avant la bénédiction du Saint-Sacrement qui doit clôturer la visite pastorale, l'Archevêque adresse aux Fidèles une dernière Instruction, dans laquelle il résume ordinairement les impressions qu'il a reçues dans tout le cours de la visite, et donne des avis appropriés aux besoins des diverses classes de la population au milieu de laquelle il s'est trouvé pendant ces trois ou quatre jours.

PARIS. — IMPRIMERIE D'ADRIEN LE CLERE ET Cⁱᵉ, RUE CASSETTE, 29.